BEI GRIN MACHT SICH IHR
WISSEN BEZAHLT

- Wir veröffentlichen Ihre Hausarbeit,
  Bachelor- und Masterarbeit

- Ihr eigenes eBook und Buch -
  weltweit in allen wichtigen Shops

- Verdienen Sie an jedem Verkauf

Jetzt bei www.GRIN.com hochladen
und kostenlos publizieren

Bibliografische Information der Deutschen Nationalbibliothek:

Die Deutsche Bibliothek verzeichnet diese Publikation in der Deutschen National-
bibliografie; detaillierte bibliografische Daten sind im Internet über http://dnb.d-
nb.de/ abrufbar.

Impressum:

Copyright © 2014 GRIN Verlag
Druck und Bindung: Books on Demand GmbH, Norderstedt Germany
ISBN: 9783668609006

Dieses Buch bei GRIN:

https://www.grin.com/document/387001

Koloman Trinkl

Ungerechte Verteilung von Lasten und Kosten in der Wohnungseigentümergemeinschaft

GRIN Verlag

GRIN - Your knowledge has value

Der GRIN Verlag publiziert seit 1998 wissenschaftliche Arbeiten von Studenten, Hochschullehrern und anderen Akademikern als eBook und gedrucktes Buch. Die Verlagswebsite www.grin.com ist die ideale Plattform zur Veröffentlichung von Hausarbeiten, Abschlussarbeiten, wissenschaftlichen Aufsätzen, Dissertationen und Fachbüchern.

Besuchen Sie uns im Internet:

http://www.grin.com/

http://www.facebook.com/grincom

http://www.twitter.com/grin_com

Ungerechte Verteilung von Lasten und Kosten in der Wohnungseigentümergemeinschaft

I. Gerichtliche Billigung

Die Verteilung der Lasten und Kosten einer Eigentümergemeinschaft auf die einzelnen Wohnungseigentümer wird von einem Teil ihrer Eigentümer oft als nicht sachangemessen, als ungerecht und unausgewogen empfunden. Sie ist auch objektiv gesehen oft ungerecht, zum Teil in einem hohen Maße. Da sich diese ungerechte Lastenverteilung mit jeder Jahresabrechnung wiederholt, jahrzehntelang, und sich so zu hohen Beträgen summiert, wird sie zunehmend als drückend empfunden. Dasselbe gilt, wenn nicht nur Betriebskosten ungerecht verteilt werden, sondern hohe Instandhaltungs- und Instandsetzungskosten nach einem unpassenden und ungerechten Maßstab zugeteilt werden. Deshalb wurden die Gerichte schon oft mit Klagen auf Änderung der sog. Umlageschlüssel in den Gemeinschaftsordnungen um Abhilfe gebeten.

Mit Verwunderung stellt man fest, dass die angerufenen Gerichte die Unausgewogenheit der Regelungen durchaus sahen, weil sie handgreiflich sind, Klagen auf Änderung der Umlageschlüssel aber gleichwohl fast ausnahmslos als unbegründet ablehnten und bis heute als unbegründet abweisen.

Ich darf einige höchstrichterliche Entscheidungen anführen, um die obigen Feststellungen zu belegen:

1) Die Kläger sind Eigentümer von Büroräumen mit Tiefgaragenstellplatz. Die Fläche der Büroräume umfasst nur etwas über 10% der Nutzfläche des Anwesens.

Ihr Miteigentumsanteil (ME-Anteil) beträgt aber 17,5%, weil man Büroräume höher bewertet hat als Wohnungen. Sämtliche Kosten des Anwesens werden im Verhältnis der ME-Anteile getragen. Die Kläger vermieten ihre Büroräume aber gleichfalls als Wohnraum. Gegenüber einem Verteilungsschlüssel nach Wohnflächen beträgt ihre Mehrbelastung rd. 94%. Der BGH hat die Klage auf Änderung des Umlageschlüssels von ME-Anteilen auf Wohnflächen abgewiesen: [1]

2) In einem Anwesen mit 6 Wohnungen waren zwei oberen Wohnungen die Flächen im Spitzboden als Sondereigentum zugeteilt. Deren Eigentümer haben die Spitzböden später zu Wohnraum ausgebaut mit je 70 qm. Der Kläger wollte daher den Kostenverteilungsschlüssel von ME-Anteilen auf Wohnflächen umstellen und klagte darauf. Die Klage wurde abgelehnt, weil der Kläger durch diese Umstellung nur eine Mehrbelastung von ca. 13 Prozent beseitigt hätte. Eine Änderung könne allenfalls verlangt werden, wenn die geltend gemachte Mehrbelastung wenigstens 25% erreiche. Dass die Eigentümer der beiden Dachgeschoßwohnungen auf diese Weise einen unverdienten Vorteil durch den Ausbau des Dachgeschosses genießen, spiele keine Rolle.

(Der Umfang des Vorteils der Begünstigten ist nicht erwähnt. Da in der Anlage sechs Wohnungen existieren, verteilen sich die Mehrkosten auf die restlichen vier Wohnungen. Dadurch ergibt sich die Mehrbelastung von nur 13% für den Kläger. Der Vorteil für die beiden Dachgeschoßwohnungen dürfte damit je 26 % betragen.) [1]

3) Die Kl. ist Eigentümerin einer Eigentumswohnung in einer Anlage mit 14 Wohnungen. Sechs der Wohnungen haben einen Balkon. Die Wohnung der Kl. ist ohne Balkon. Die Balkone mussten saniert werden. Die Kl. meinte, dass die Kosten der Sanierung von den Eigentümern der Balkone allein zu tragen seien. Ferner wünschte sie hilfsweise die Verteilung der Sanierungskosten nach Einheiten statt

---

[1] BGH Urt. vom 17.12.2010 - V ZR 131/10, IMR 2011, S. 237

nach Wohnflächen (vermutlich hatte sie eine große Wohnung). Die Klage wurde insgesamt abgewiesen. [2]

4) Die Klägerin ist Eigentümerin von mehr als 40 Stellplätzen einer Tiefgarage in einer Wohnungseigentumsanlage mit vier Häusern. In die Garage führt ein Fahrstuhl für Bewohner der Wohnungen der Anlage. Die Stellplätze der Klägerin dienen einer benachbarten Wohnungseigentumsanlage aus Praxen, Büros und Wohnungen, die ohne diese Stellplätze behördlich nicht genehmigt worden wären. Die Benutzer der Stellplätze der Kl. verlassen die Tiefgarage nicht über den Fahrstuhl, sondern haben einen eigenen Zu- und Ausgang. Die Kl. wollte daher erreichen, dass sie an den Kosten für den Aufzug nicht beteiligt wird. Das wurde vom Gericht abgelehnt.[3]

5) Der Kl. ist Eigentümer eines Ladengeschäfts in einer Anlage mit zwei weiteren Geschäften, mit einer Apotheke und 6 Arztpraxen, welch letztere über ein Treppenhaus und mit einem Fahrstuhl zu erreichen sind. Der Kläger hat keinen Zugang zum Treppenhaus und Fahrstuhl, ebenso wenig wie die Apotheke. Kosten der Renovierung der Fahrstuhlanlage sollten auch vom Kl. im Verhältnis seiner Miteigentumsanteile getragen werden. Beim Miteigentumsanteil des Klägers sind auch die Lagerräume im UG erhöhend berücksichtigt worden, obgleich diese gleichfalls keinen Zugang zum Fahrstuhl boten. Sein Miteigentumsanteil beträgt 30 %.

Gegen diese von ihm für ungerecht gehaltene und auch unverhältnismäßig hohe Belastung wandte sich der Kläger, aber vergebens: Er wurde vom OLG Hamburg für verpflichtet gehalten, sich an den Kosten der Erneuerung der Fahrstuhlanlage

---

[1] BGH Urt. vom 11.6.2010 - V ZR 174/09, BGHZ 186, S. 34, NJW 2010,S. 3296, NZM 2010, S. 624

[2] BGH Urt. vom 15.1.2010 - V ZR 114/09 BGHZ 184. S. 88, NJW 2010, S. 2129 ff, NZM 2010, S. 205

[3] OLG Schleswig Beschluss vom 26.4.2006 - 2 W 234/05 ZMR 2006, S. 889, IMR 2006, S.124

gemäß seinem Miteigentumsanteil zu beteiligen, obgleich er keinen Zugang zum Fahrstuhl hat.[1]

6) Die Antragsteller sind Eigentümer von Wohnungen in einer Anlage mit sechs Gebäuden, darunter einem Hochhaus mit neun Geschoßen, in welchem sich allein eine Aufzugsanlage befindet. Die Antragsteller wollten erreichen, dass sie an den Kosten dieser Aufzugsanlage nicht beteiligt werden. Der BGH lehnte dieses Begehren mit der Begründung ab, ein allgemeiner Grundsatz, wonach ein Wohnungseigentümer Kosten für solche Einrichtungen nicht zu tragen habe, die ihm persönlich keinen Nutzen bringen, bestehe nicht. [2]

Der BGH führt in seinem Urteil vom 7.10.2004 die folgenden weiteren Beispiele ungleicher Lastenverteilung aus der Rechtsprechung an, ohne sie zu kritisieren, sondern um seine eigene Entscheidung zu rechtfertigen: [3]

„Eine grobe Unbilligkeit ist angenommen worden bei einer Kostenmehrbelastung von 253 % (BayObLGZ 1991, 396, 399), von 171 % (BayObLGZ 1987, 66, 69 f.), von 87,5 % (BayObLG, WuM 1997, 61, 62) sowie dann, wenn das Mehrfache dessen zu zahlen ist, was bei sachgerechter Kostenverteilung zu zahlen wäre (OLG Zweibrücken, NJW-RR 1999, 886). Verneint worden ist eine grobe Unbilligkeit bei einer Kostenmehrbelastung von 12 % 20 W 132/01, juris), von 19 % (BayObLG, WE 1998, 394, 395), von 22 % (BayObLG, NJW-RR 1995, 529, 530; OLG Düsseldorf, NJW-RR 1998, 1547, 1548), von 27 % (OLG Düsseldorf, ZMR 2001, 378, 379), von 30 % (OLG Köln, ZMR 2002, 153, 154), von 42 % (OLG Hamm, ZMR 2003, 286, 287), von 50 % (BayObLG, ZWE 2001, 320;BayObLGZ 1998, 199, 205 f.; OLG Köln, ZMR 2002, 780, 781) und von 59 % (OLG Frankfurt, NZM 2001, 140).....".

---

[1] OLG Hamburg Beschl. vom 29.11.2005 2Wx 46/05 Fundstelle Openjur 2011,14466 (Internet)

[2] BGH Beschl. vom 28.6.1984 - VII ZB 15/83-(BGHZ 92, S. 18, NJW 1984 S. 2576 Dieser Satz wurde in der Folge so interpretiert, dass es auf die Nutzungsmöglichkeit von Einrichtungen einer Anlage überhaupt nicht ankomme.

[3] BGH Beschl. vom 7.10.2004 – V ZB 22/04, BGHZ 160, S. 354, NJW 2004, S. 3413, ZMR 2004, 281 (L:S), NZM 2004, S. 870

Diese und ähnliche Fälle waren für den Gesetzgeber der Anlass, mit der Novelle zum WEG vom Jahre 2007 Bestimmungen einzuführen, um die Anpassung unzulänglicher Regeln in den Gemeinschaftsordnungen zu ermöglichen.[1] Es wurde mit der Bestimmung des § 10 Absatz II Satz 3 WEG eine Anspruchsgrundlage für Änderungen neu geschaffen und in § 16 WEG wurden Bestimmungen eingefügt, die sachgemäße Beschlüsse der Eigentümergemeinschaft erleichtern sollen. Allerdings hat sich die Bundesregierung wohl mit Rücksicht auf die Unabhängigkeit der Rechtsprechung gescheut, in ihrer Vorlage deutlich eine Missbilligung dieser restriktiven Entscheidungspraxis zum Ausdruck zu bringen und hat in der neuen Bestimmung des § 10 Absatz 2 Satz 3 nur eine sehr zaghafte und die bisherige Praxis schonende Korrektur anzuordnen gewagt, so dass sich die Gerichte unter Erwähnung von Ausführungen in der Bundestragdrucksache zur Novelle zur Beibehaltung ihrer Rechtsprechung ermutigt fühlen.

Daher kann bisher nicht festgestellt werden, dass die Gerichte geneigter wären als vorher, der Gerechtigkeit bei der Lastenverteilung im Wohnungseigentumsgesetz (WEG) neben anderen Intentionen den gebührenden Platz einzuräumen. Mit denselben Argumenten und Formulierungen, mit denen Klagen auf Änderung von Umlageschlüsseln vor der Novelle abgewiesen wurden, werden solche Klagen auch heute abgewiesen. Dabei wurde und wird das Postulat der Gerechtigkeit in einem Maße missachtet, wie es wohl auf keinem anderen Rechtsgebiet festgestellt werden kann und toleriert würde. Die Gerichte haben damit für das Wohnungseigentum quasi ein Sonderrecht mit Regeln und Argumenten eingeführt, die singulär und sonst nirgends zu finden sind.

---

[1] Siehe die Bundestagsdrucksache BT 16/887, S. 17 ff

II. Argumente zur Rechtfertigung der ungleichen Lastenverteilung

Zur Begründung seiner Entscheidung vom 29.11.2005 führt das OLG Hamburg aus, was ich wörtlich zitieren darf, weil hier fast alle „einschlägigen" Argumente nachzulesen sind:

"Eine Änderung der Teilungserklärung insoweit kann der Antragsteller jedoch von den Antragsgegnern nicht verlangen. Hierzu wäre erforderlich, dass der geltende Verteilungsschlüssel wegen außergewöhnlicher Umstände zu grob unbilligen, mit Treu und Glauben nicht zu vereinbarenden Ergebnissen für den Antragsteller führt (vgl. Bärmann/Pick a.a.O. Rdnr. 42 zu §10 WEG). Bei der Prüfung, ob diese Voraussetzungen vorliegen, ist ein strenger Maßstab anzulegen, wobei zu beachten ist, dass dem Antragsteller beim Erwerb des Wohnungseigentums die tatsächlichen Verhältnisse und der Verteilungsschlüssel für die Instandhaltungs- und Betriebskosten bekannt gewesen sind und er sich deswegen hierauf einstellen konnte (vgl. BayObLG NJW-RR 1987, 714 ff, 715; BGH NJW 2004, 3413 ff, 3415). Es ist nicht zu beanstanden, wenn die Teilungserklärung in Übereinstimmung mit §16 Abs. 2 WEG vorsieht, dass sich der Antragsteller auch an den Kosten für das im Gemeinschaftseigentum stehende Treppenhaus anteilmäßig zu beteiligen hat, obwohl dieses für ihn bzw. seine Mieter nicht von Nutzen ist (vgl. BGH NJW 1984, 2576 ff). Des weiteren ist es nicht grob unbillig und deshalb nicht zu beanstanden, dass der Miteigentumsanteil des Antragstellers unter Zugrundelegung einer Raumgröße von 411,10 qm berechnet ist unter Einschluss der zu seinem Sondereigentum gehörenden Kellerräume, denn die Berechnung erfolgte aufgrund der jedem Sondereigentum zugewiesenen Nutzflächen, wozu auch die Kellerräume gehören. Im Übrigen war dem Antragsteller die Größe und Berechnung seines Miteigentumsanteils auch bei Erwerb bekannt. Er wusste also, dass sein Miteigentumsanteil nicht nur nach der

Fläche der Ladengeschäfte, sondern unter Einrechnung der sich im Keller befindenden Lagerräume berechnet worden ist..." [1]

Es fehlt hier lediglich das zusätzlich gebrauchte Argument, dass die anderen Miteigentümer sich auf diese sie begünstigenden Regelungen eingestellt haben und sich auf deren Weiterbestand verlassen können müssten. [2]

III. Fraglichkeit der gerichtlichen Argumente

Die Voraussetzungen, von denen die Gerichte einen Anspruch auf Änderung der Gemeinschaftsordnung abhängig machen und die Argumente, mit denen sie ihre Entscheidungen rechtfertigen, lassen die Lebenswirklichkeit und die in anderen Rechtsgebieten selbstverständlichen   Regeln außer Acht. Es handelt sich um wenige Axiome, die singulär im Recht der Kosten- und Lastenverteilung in der Eigentümergemeinschaft angewendet werden. Es sind dies die folgenden:

1) Eine Anpassung des Umlageschlüssels setzt nach den Entscheidungen der Gerichte voraus, dass der Antragsteller einen „spürbaren Nachteil" im Vergleich mit der gewünschten Regelung hat. Dieser ist nur gegeben, wenn die Mehrbelastung wenigstens 25 % beträgt. Es oll keine Rolle spielen, welchen Vorteil andere Eigentümer aus der Regelung haben. So entschieden für den Fall, dass zwei Eigentümer nach zusätzlichem Ausbau von Dachgiebeln, die zu ihren Wohnungen gehörten, je 70 qm mehr Wohnfläche erzielten, dafür aber keine Lasten zu übernehmen hatten, weil nach ME-Anteilen abgerechnet wurde.

---

[1] OLG Hamburg Beschl. vom 29.11.2005 - 2 Wx 46/05 Fundstelle Openjur 2011,14466 (Internet)

[2] Siehe z. B. BGH Urt. vom 15.1.2010 – V ZR 114/09, BGHZ 184, S. 88, NJW 2010, 2129, NZM 2010, S. 205

Die Grenze von 25% ist nach Gutdünken verordnet und hat keinen sich aus der Sache begründbaren Hintergrund. Sie ist deshalb so hoch angesetzt, um Wünsche auf Änderung von vornherein abzublocken und die Zahl etwaiger Klagen zu minimieren. Dabei zeigt der Gesetzgeber, dass er bei dauernden Leistungen schon eine Diskrepanz von nur 10% für ein Änderungsverlangen als ausreichend erachtet (§ 323 ZPO).

Auch die Forderung, dass eine Änderung der Regelungen der Gemeinschaftsordnung nur zulässig sein soll, wenn sie sich „bei Anlegung eines strengen Maßstabes" als unbillig darstellen, ist eine auffällige und sich aus dem Gesetz nicht ergebende Forderung.
Sie kann auch nicht aus Besonderheiten der Wohnungseigentümergemeinschaft abgeleitet werden.[1] Sie mochte ursprünglich auf der Vorstellung beruhen, dass Wohnungs-eigentum von wenigen Eigentümern eines Grundstücks im Wege der vertraglichen Begründung von Wohnungseigentum gebildet wird und daher Vertragsgrundsätze anzuwenden seien. Dies ist aber schon lange nicht mehr die Wirklichkeit. Wohnungseigentum wird fast ausschließlich im Wege der Teilungserklärung gebildet, die vom Bauträger schon vor dem Bau und Verkauf einseitig formuliert und „gestellt" wird und der sich ein Käufer unterwerfen oder den Kauf unterlassen muss, denn ihre Änderung ist nach Aufteilung des Grundstücks selbst dem Bauträger praktisch nicht mehr möglich.

Im Wege von Teilungserklärungen werden auch riesige Anlagen mit tausend und mehr Einheiten in mehreren Gebäuden mit Gewerbeanteilen, Tiefgaragen usw. gebildet. Die späteren praktischen Auswirkungen von Mängeln und Unzulänglichkeiten der Teilungserklärungen sind kaum im Voraus abzuschätzen. Diese durch Anlegung eines „strengen Maßstabes" auf ewig zu zementieren, ebenso wie die darauf beruhenden Ungerechtigkeiten, ist verfehlt. Es sollten

---

[1] S. Würfel in WE 2000/5 S.100 ff

vielmehr vom Gesetzgeber für Teilungserklärungen Vorgaben ähnlich denen für Allgemeine Geschäftsbedingungen gemacht werden und die Gerichte müssten zur Prüfung der Gemeinschafsordnung Maßstäbe wie für Formularverträge anwenden, damit sachgemäße und der Gerechtigkeit entsprechende Lastenverteilung stattfindet. Das verlangt natürlich die Betrachtung der Besonderheiten der betreffenden Eigentumsanlage mit ihren Einrichtungen und der für diese passenden Regeln für eine gerechte Lastenverteilung.

Teilungserklärungen unterliegen bisher auch keiner inhaltlichen Kontrolle, jedenfalls der Teil mit der Gemeinschaftsordnung nicht. Zwar meint Jennißen-Kraus, die vom Eigentümer einseitig vorgegebene Teilungserklärung und Gemeinschaftsordnung werde das Grundbuchamt an Hand der §§134, 138 und 242 BGB auf Übereinstimmung mit den zwingenden gesetzlichen Vorschriften überprüfen. Im Übrigen werde der Erwerber einer Eigentumswohnung von einem Bauträger durch die Inhaltskontrolle des Erwerbsvertrages geschützt. [1]

Diese Hinweise auf das Grundbuchamt und die Kontrolle im Rahmen des Kaufvertrages gehen in der Praxis fehl. Die Kontrolle durch das Grundbuchamt beschränkt sich auf die Formalien für den dinglichen Vollzug der Aufteilung im Grundbuch. Auch im Rahmen des Kaufvertrages gibt es keine inhaltliche Prüfung der Teilungserklärung. Die gesetzlichen Vorschriften und die Anweisungen an den Notar im Zusammenhang mit der Beurkundung eines Kaufvertrages über Eigentumswohnungen haben lediglich den Vollzug des Kaufvertrages und die Sicherung von Leistung und Gegenleistung (Baufortschritt und Gewährleistung von Baumängeln) im Blick, keineswegs die Binnenregelungen der Gemeinschaftsordnung.

---

[1] Jennißen (Krause) Rz 18 zu § 8 WEG (S. 158),

ebenso Heinemann in NK-Kommentar S. 1634/35 zu 38 WEG

2) Persönlicher Nutzen oder wenigstens **Nutzungsmöglichkeit** soll keine Voraussetzung für die Pflicht zu Kostentragung bilden. .

Eine solche Auffassung ist im Rechtsleben singulär: Eine Vergütung oder eine Lastenbeteiligung für etwas, wovon man keinen Nutzen oder Vorteil hat, wird normalerweise als sittenwidrig oder als Widerspruch gegen Treu und Glauben gewertet. Es ist kein Grund ersichtlich, warum es im Recht des Wohnungseigentums anders sein soll. Aus dem Gesetz ergibt sich dies nicht. Das Gesetz geht vielmehr davon aus, dass jeder Eigentümer in gleicher Weise alle gemeinschaftlichen Einrichtungen nutzen kann. § 13 Absatz 2 WEG, und nur und gerade deshalb dann auch die Kosten im selben Verhältnis zu tragen hat. Das Argument der Gerichte, die Verteilung der Kosten nach § 16 Absatz 2 WEG sehe bewusst von der Möglichkeit einer Nutzung ab, findet im Wortlaut des Gesetzes keine Stütze, da diese Regelung im Zusammenhang mit § 13 Absatz 2 WEG zu sehen ist. Natürlich geht es nicht darum, dass der Eigentümer aus persönlichen Gründen einen Teil oder eine Einrichtung der Anlage nicht nutzt, sondern dass seine Wohnung aus tatsächlichen oder baulichen Gründen von der Nutzung des Teils oder der Einrichtung der Anlage abgeschnitten ist.

Für den Mieter einer Wohnung jedenfalls ist anerkannt, dass er an den Betriebskosten einer Aufzugsanlage nicht beteiligt werden darf, wenn sie für ihn nicht erreichbar ist.[1]

3) Letztlich scheitern so gut wie alle Anträge auf Änderung von Verteilungsschlüsseln für Lasten und Kosten an dem Argument, dass die unausgewogenen Regeln für den Kläger erkennbar gewesen seien und in diesem Zusammenhang, dass jene Eigentümer, die den korrespondierenden Vorteil

---

[1] BGH Urteil vom 8.4.2009 – VIII ZR 128/08 NJW 2009 S. 2058, ZMR 2009, S. 675, MDR 2009, S. 794

erlangt haben, sich darauf verlassen können müssten, dass diese ungerechten Regeln bestehen bleiben, dass ihnen der Vorteil somit auf ewige Zeiten verbleibt.

Auch diese Argumente finden sich allein im Recht des WEG. Würde man sie allgemein anwenden, gäbe es keine Gesetzgebung zur Regelung von AGB, gäbe es keine Rechtsprechung zum Schutz des Mieters oder Arbeitnehmers (wie jetzt gerade die Bemühungen um die Fixierung von Mindestlöhnen oder die Deckelung von Mieterhöhungen), es gäbe keine Rechtsprechung zu Formularverträgen, denn in allen Vertragsverhältnissen wissen die Vertragspartner im Voraus oder können es zumindest erkennen, welche Verpflichtungen sie eingehen. Gleichwohl gibt es hier einen ausgefeilten Schutz durch Gesetzgebung und Rechtsprechung. Von dem Käufer einer Eigentumswohnung aber erwarten die Gerichte, dass er im Voraus, auf Jahrzehnte hinaus, die Auswirkungen einer Regelung in dem komplexen Geflecht einer Eigentümer-gemeinschaft erkennt mit der Konsequenz, dass er die Folgen auf unabsehbare Zeit trägt.

Er soll im Alter von dreißig oder vierzig Jahren, wenn er noch voll in Arbeit steht und für Familie und Kinder eine Wohnung sucht, auch noch und schon berücksichtigen, dass er vielleicht ein Lebensalter später – mit 80 oder 90 – einen Treppenlift benötigen könnte und dann immer auch noch einen unverhältnismäßig hohen Anteil an Fahrstuhlkosten tragen muss, wie das AG Stuttgart in einer Entscheidung vom 1.8.2012 – Az 64 C 1605/12 WEG – meint.

Der BGH führt in seinem Beschluss vom 2. 6. 2005 V ZB 32/05 (betr. die partielle Rechtsfähigkeit der WEG) unter Bezugnahme auf einen Aufsatz von Thomas Raiser in ZWE 2002, S.173, 174 selbst aus, dass „bei den Wohnungseigentümern der Zweck der Wohnungsnutzung im Vordergrund (steht), bei der die damit verbundene Einbindung in den Verband der Wohnungseigentümergemeinschaft als „notwendiges Übel" hingenommen werden muss." [1]

---

[1] BGH Beschl. vom 2. 6. 2005 –V ZB 32/05 – BGHZ 163, S. 154 ff, 171, NJW 2005, S. 2061, ZMR 2005, S.

Der BGH zieht hieraus aber leider keine weiteren Konsequenzen, was insbesondere die Frage der gerechten Verteilung der Lasten und Kosten der Gemeinschaft angeht.

Der Käufer sucht eine Wohnung, die vor allem seinen momentanen Bedürfnissen entspricht. Diesen Bedürfnissen sollte sie nach Lage, Zuschnitt, Größe und Preis entsprechen , bei Kindern Nähe zu Schule und Kindergarten, Einkaufsmöglichkeiten und möglichst auch noch die Nähe zur Arbeitstelle aufweisen, neben anderen Anforderungen und Vorstellungen, denen sie genügen sollte. Der Kauf sollte schließlich finanziell tragbar sein. Das Miteigentum als solches an der Gesamtanlage, die Regelungen für Lastentragung usw. sind zweitrangig und können bei der Komplexität der Formalitäten eines Kaufs und ihrer Finanzierung kaum eingehend geprüft werden. Man verlässt sich darauf, dass diese Dinge schon angemessen geregelt sein werden. Selbst wenn dem Käufer bewusst wäre, dass er eine Wohnung mit unliebsamen Regelungen erwirbt, wird er vom Kauf nicht ihretwegen Abstand nehmen, weil für ihn vorrangig ist, dass die Wohnung den gegenwärtigen Bedürfnissen und Wünschen entspricht. Alternativen, die er wählen könnte, stehen meist nicht beliebig zur Verfügung. Regelungen der Teilungserklärung, die unausgewogen oder einseitig belastend sind, werden vom Käufer damit aber nicht „akzeptiert" und es widerspricht dem Postulat der Gerechtigkeit, den Käufer auf solche Regeln ein-für allemal festzunageln.

Der Wohnungskäufer befindet sich insoweit in derselben Situation wie ein Mieter, der notgedrungen eine geeignete Wohnung auch zu unangemessenen Bedingungen anmietet. Im Gegensatz zum Wohnungskäufer findet er aber stets Vorschriften und Gerichte, die ihn hinterher schützen. Man denke nur an die

547

neuen Vorschriften betreffend Kappung der Mieterhöhung. Was unterscheidet den Wohnungskäufer in dieser Beziehung vom Mieter?

Die vorstehenden Ausführungen gelten aber, das ist entscheidend, auch für jene Käufer, die durch bestimmte Regelungen der Teilungserklärung ohne jegliches eigenes Zutun einen Vorteil erlangt haben. Auch diese haben die Wohnung nicht wegen eines beim Kauf kaum erkannten Vorteils bei der Lastentragung erworben, sondern deshalb, weil sie den konkreten Wohnbedürfnissen entsprach. Damit erweist sich das Argument, der Käufer müsse sich auf den Fortbestand dieser ihn begünstigenden Regelung verlassen können, schon vom Tatsächlichen her als unzutreffend.

Es mag zwar sein, dass der Käufer sich nachher gegen ihn belastende Änderungen, auch wenn sie sachgemäß und gerecht sind, wehrt und nun behauptet, er habe sich beim Erwerb darauf verlassen, dass ihm der nicht gerechtfertigte Vorteil verbleibt. Hier stellt sich aber die Frage, ob einem solchen Argument gefolgt werden darf.

Mit welchem Recht kann ein begünstigter Erwerber geltend machen, dass es bei dieser Regelung bleiben müsse? Er hat den Vorteil ohne Gegenleistung erworben. Wenn er die Ungleichheit erkannt und gerade deshalb erworben hat: Ist sein Status schützenswert? Ist das kein Verhalten, das gegen Treu und Glauben verstößt, vor allem bei Berücksichtigung dessen, dass dem Vorteil eine laufende Benachteiligung anderer Eigentümer ein und derselben Gemeinschaft entspricht, die in vielfacher Hinsicht auf die gegenseitige Rücksichtnahme aller Miteigentümer angewiesen ist?

Wenn er aber die Vorteilhaftigkeit der Regelung beim Kauf gar nicht erkannt hat: Mit welchem Recht kann er sich dann auf einen Bestandsschutz berufen? Warum erkennen die Gerichte sogar ohne tatsächliche Feststellungen dem Begünstigten einen Bestandschutz zu, der ohne solche Feststellungen eine reine Fiktion ist? Ist es vorstellbar, dass den Gerichten die Fragwürdigkeit ihrer Argumente entgangen ist?

IV. Folgerungen

Wie obige Ausführungen zeigen, besteht bei den Gerichten trotz Änderung des Wohnungseigentumsgesetzes kaum Neigung, selbst offensichtlich ungerechte Regelungen in einer Gemeinschaftsordnung zu ändern. Änderungsanprüche nach § 10 Absatz 2 Satz 3 werden wie vorher grundsätzlich verneint und abgelehnt.

Die Erleichterung von Beschlüssen lt. § 16 Absatz III WEG n. F. führt zwar gelegentlich zu Änderungen der bestehenden Lastenverteilung bei den Betriebskosten, die finanziell nicht so ins Gewicht fallen, denn die höchsten Betriebskosten (Verbrauchskosten) entstehen bei Heizung und Warmwasser. Für deren Ermittlung und Verteilung auf die Eigentümer gibt es zwingende und sachangemessene Vorschriften, die auch in der Wohnungseigentümergemeinschaft anzuwenden sind (Heizkostenverordnung). Problematisch sind die Einzelfallkosten der Instandhaltung, Instandsetzung oder gar Erneuerung von gemeinschaftlichen Einrichtungen wie Aufzügen oder Heizungen oder Treppenhäusern, Balkonen, Dächern. Hier werden die von § 16 Absatz IV WEG geforderten Mehrheiten kaum zu Stande kommen, denn es wird den Eigeninteressen der Begünstigten Eigentümer zu sehr widersprechen, die dabei entstehenden Kostenmehrbelastungen ohne Not zu übernehmen. Mit gerichtlichen Entscheidungen, die sie dazu zwingen könnten, brauchen sie nicht zu rechnen. Laut BGH sind auch im Rahmen des § 16 IV WEG die Voraussetzungen des § 10 II Satz 3 WEG zu prüfen.[1]

---

[1] BGH Urt. vom 15.1.2010 V ZR 114/09, BGHZ 184, S. 88, NJW 2010, S. 2129, NZM 2010, S.205

Und diese liegen nach der restriktiven Entscheidungspraxis der Gerichte kaum einmal vor. Ähnliches gilt für Instandhaltungsrücklagen, zu deren Bildung die durch falsche oder unausgewogene Teilungserklärungen benachteiligten Eigentümer in unverhältnismäßiger Höhe herangezogen werden, zum Vorteil der hierdurch unverdient und ohne rechtfertigenden Grund bevorzugten Miteigentümer.

Es ist zu wünschen, dass der Gesetzgeber sich dieser verfahrenen Situation annimmt und Handhaben zur Beseitigung dieser dauernden Benachteiligungen schafft. Mit Bedauern muss man an jene Eigentümer, ihre Erben oder an Käufer solcher Wohnungen denken, die auf Grund der unverständlichen gerichtlichen Entscheidungen für alle Zeiten diese ungerechten Lasten tragen müssen. Hier kann nur die Neueröffnung des Rechtsweges durch den Gesetzgeber Hilfe (auch nur für die Zukunft, aber immerhin) schaffen.

Der Verteilungsgerechtigkeit gebührt der Vorrang vor anderen Zwecken des Rechts, auch vor Erwägungen der Prozessökonomie. „Eine Ordnung ist nur dann Recht, wenn sie an der Idee der Gerechtigkeit ausgerichtet ist."[1]

---

[1] (Brox/Walker, BGB- Allg. Teil, 35. Aufl. 2011, S. 3).

VERMERK.

Dieser Aufsatz wurde auch vom Luchterhand-Verlag (WoltersKluwer) in der

Zeitschrift für Miet- und Raumrecht, ZMR 2014, S. 100 ff) veröffentlicht.